Burczy mi w brzuchu

i inne pytania na temat ciała

Brigid Avison

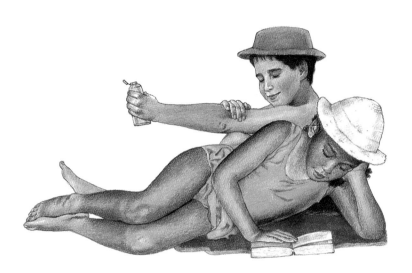

Tytuł oryginału: My Tummy Rumbles
Autor: Brigid Avison
Tłumaczenie: Joanna Pokora
Ilustracje na okładce: Ruby Green, Tony Kenyon (B.L. Kearley) – kreskówki
Ilustracje: Chris Forsey 4, 5, 6, 7, 8-9, 10-11, 12-13, 16-17, 18-19, 20-21;
Ruby Green (ilustracje postaci) 5, 6-7, 10-11, 25, 26-27,
28-29, 30-31; Tony Kenyon (B.L. Kearley) – kreskówki;
Linda Worrall (Linden Artists) 14-15, 18, 22-23

Original edition is published by Kingfisher, an imprint of Macmillan
Children's Books.
©Macmillan Children's Books 2012
© 2017 for the Polish edition by „FK Olesiejuk
spółka z ograniczoną odpowiedzialnością" Spółka Jawna
Wydawnictwo Olesiejuk, an imprint of „FK Olesiejuk
spółka z ograniczoną odpowiedzialnością" Spółka Jawna

ISBN 978-83-7844-255-4

„FK Olesiejuk spółka z ograniczoną odpowiedzialnością" Spółka Jawna
05-850 Ożarów Mazowiecki
ul. Poznańska 91
wydawnictwo@olesiejuk.pl
www.wydawnictwo-olesiejuk.pl

dystrybucja: www.olesiejuk.pl

Druk: Vilpol sp. z o.o.

SPIS TREŚCI

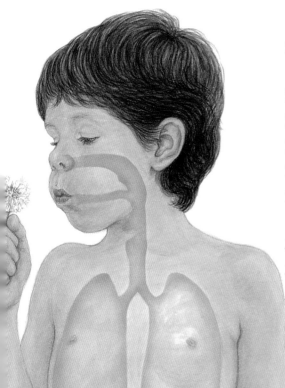
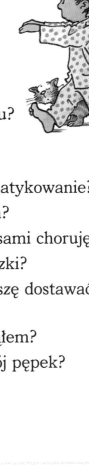

Czy moje ciało jest takie samo jak innych?

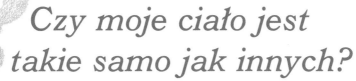

● Każdy człowiek ma podobne części ciała i narządy, które przedstawiliśmy na rysunku poniżej.

Jesteś jedyną osobą na świecie, która wygląda identycznie jak ty – dlatego jesteś wyjątkowy! Mimo że jesteś inny niż wszyscy, twoje ciało jest zbudowane tak samo jak innych ludzi. Wszyscy mają dokładnie te same narządy spełniające różne funkcje, dzięki którym żyjemy.

Mózg

Nos

Usta

Nerwy

Żyły

Płuca

Mięśnie

Kości

Wątroba

Serce

Żołądek

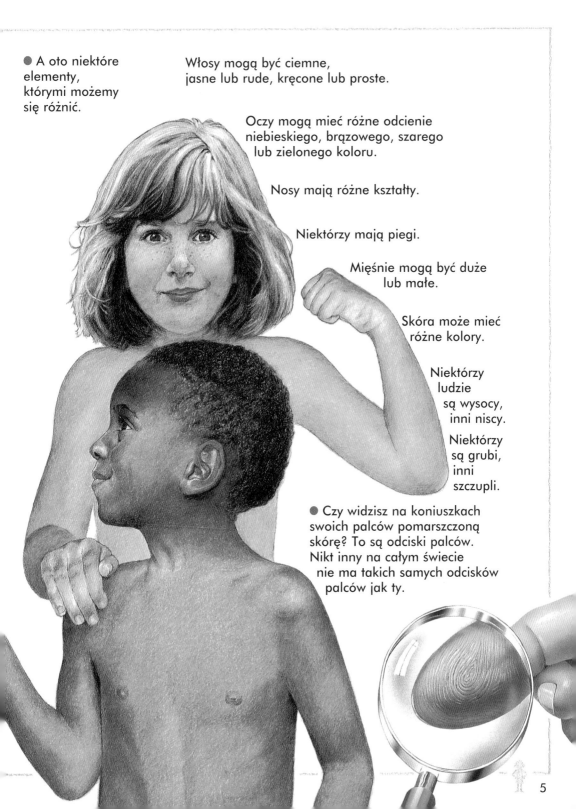

● A oto niektóre elementy, którymi możemy się różnić.

Włosy mogą być ciemne, jasne lub rude, kręcone lub proste.

Oczy mogą mieć różne odcienie niebieskiego, brązowego, szarego lub zielonego koloru.

Nosy mają różne kształty.

Niektórzy mają piegi.

Mięśnie mogą być duże lub małe.

Skóra może mieć różne kolory.

Niektórzy ludzie są wysocy, inni niscy.

Niektórzy są grubi, inni szczupli.

● Czy widzisz na koniuszkach swoich palców pomarszczoną skórę? To są odciski palców. Nikt inny na całym świecie nie ma takich samych odcisków palców jak ty.

5

Co mam w środku głowy?

Najciekawsza i najważniejsza część twojego ciała jest schowana w twojej głowie, pod włosami, pod skórą i pod twardą czaszką. To twój mózg. Mózg jest tą częścią ciała, która pomaga ci zapamiętywać i myśleć. Upewnia się też, że pozostałe części ciała robią to, co powinny!

● Twój mózg dzieli się na dwie części. Prawa półkula opiekuje się lewą stroną twojego ciała, a lewa – prawą.

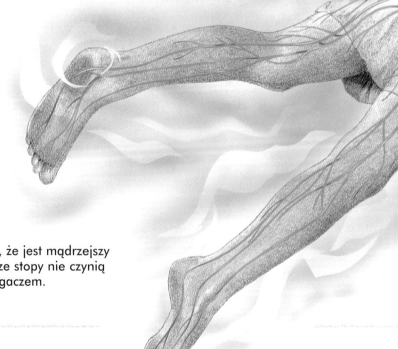

● Ludzie mają mózgi różnych wielkości.
To, że ktoś ma większy mózg, wcale nie oznacza, że jest mądrzejszy – to tak, jak większe stopy nie czynią kogoś lepszym biegaczem.

● Nerwy informują cię, co się dzieje z twoim ciałem – na przykład, że woda jest za ciepła lub zbyt zimna.

● Informacje przemieszczają się po twoich nerwach bardzo szybko. Najszybsze osiągają prędkość 400 kilometrów na godzinę!

● Nerwy zaczynają się w mózgu, potem tworzą grubą wiązkę na plecach (w kręgosłupie). Stamtąd rozchodzą się do różnych części twojego ciała.

Dlaczego odczuwam różne rzeczy?

Nieustannie do twojego mózgu wysyłane są wiadomości o tym, co dzieje się w twoim ciele. Niektóre z tych wiadomości są na temat tego, co czujesz. Wszystkie one docierają do twojego mózgu dzięki nerwom.

● Ból jest uczuciem, które informuje cię, że dzieje się coś złego. To jest system ostrzegawczy twojego ciała. Boli cię, jeżeli uderzysz się w palec u nogi, gdyż ciało „doradza" ci wtedy, żebyś się zatrzymał...

Ile mam kości?

Kiedy się urodziłeś, miałeś około 350 kości. Kiedy przestaniesz rosnąć, będziesz ich miał tylko 200! Gdy będziesz dorastać, niektóre twoje mniejsze kości połączą się i powstaną z nich większe.

● Bez kości, które nadają kształt twojemu ciału, wyglądałbyś jak pognieciony worek.

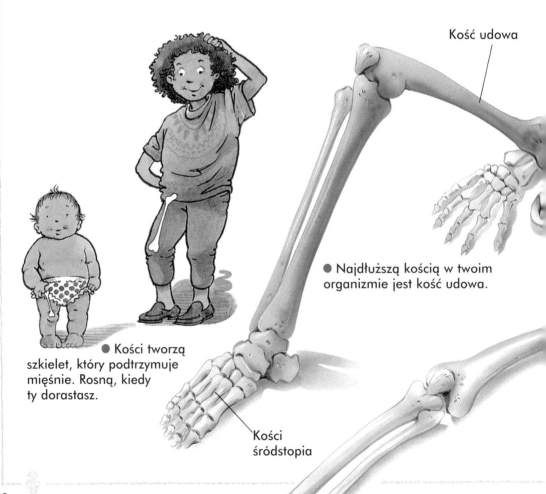

Kość udowa

● Najdłuższą kością w twoim organizmie jest kość udowa.

● Kości tworzą szkielet, który podtrzymuje mięśnie. Rosną, kiedy ty dorastasz.

Kości śródstopia

● Kości są twarde i ciężkie. Dzięki temu ochraniają miękkie części ciała (na przykład mózg) przed uszkodzeniami.

Większość z nas ma 12 par żeber, ale niektórzy mają jedną parę dodatkowo. Twoje żebra chronią płuca i serce.

● Mimo że twoja czaszka składa się z wielu kości, większość z nich jest ze sobą połączona. Tylko szczęka jest ruchoma.

Szczęka

Mostek

Żebra

Kręgosłup

Kości biodrowe

Czaszka

Kości przedramienia

Kości śródręcza

Co to jest czułe miejsce?

Twoje czułe miejsce to nie kość, tylko nerw, który znajduje się pod skórą w łokciu. Kiedy uderzysz się, ten nerw wysyła informacje do mózgu i odczuwasz silny ból.

Po co mam skórę?

Skóra pokrywa całe twoje ciało. Ochrania przed światem zewnętrznym wszystkie narządy, które znajdują się w środku.

● Skóra nabiera swojego koloru dzięki substancji, którą nazywamy melaniną. Ludzie z ciemną skórą mają więcej melaniny niż ludzie z jasną skórą.

Jak grubą mam skórę?

W większości miejsc twoja skóra nie jest grubsza od kartonu. Mimo że jest tak cienka, dzieje się w niej wiele rzeczy. W skórze rosną włosy i powstaje pot. Skóra ma też żyły i nerwy, które wysyłają wiadomości do twojego mózgu.

Włosy wyrastają z otworów, które nazywają się mieszkami.

● Tak wygląda skóra oglądana przez mikroskop.

Zakończenie nerwu

Mięśnie włosów

Żyły

Co to jest gęsia skórka?

Kiedy kotu jest zimno, jego futro się puszy. W ten sposób tworzy się grubsza osłonka, która utrzymuje ciepło. Twoje włosy też się unoszą, jak trzęsiesz się z zimna, a gęsia skórka to wynik zaciśniętych mięśni przywłosowych. Nie ogrzejesz się od tego jak kot, bo masz za mało włosów!

● Bez względu na to, czy twoja skóra jest ciemna, czy jasna, słońce może cię poparzyć. Opalając się, zawsze wkładaj czapkę i smaruj się olejkiem do opalania.

● Pot jest słoną wodą, którą produkuje twoje ciało, kiedy jest gorąco.

Pot wydostaje się otworami, które nazywamy porami.

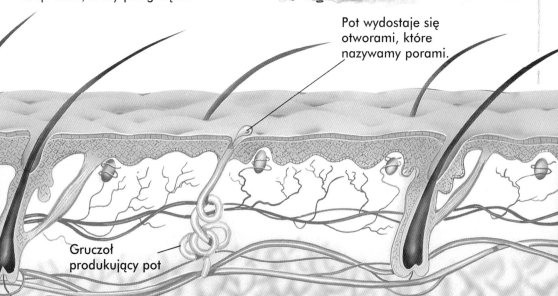

Gruczoł produkujący pot

Jak to się dzieje, że się poruszam?

Poruszasz się dzięki mięśniom współpracującym z twoimi kośćmi.

Kiedy śmiejesz się lub płaczesz, mówisz lub jesz, chodzisz lub skaczesz, całą pracę wykonują twoje mięśnie.

● Mięśnie mogą same się tylko kurczyć. Żeby się z powrotem wydłużyły, musi je rozciągnąć inny mięsień.

● Twoimi największymi mięśniami są te, na których siadasz.

Dlaczego silni ludzie mają duże mięśnie?

● Wielu tenisistów ma większe mięśnie tej ręki, w której trzymają rakietę podczas gry.

Mięśnie są większe i silniejsze, jeżeli są często używane. Dlatego sportowcy tak ciężko ćwiczą...

● Żeby poruszyć kością, mięsień musi się skurczyć. W ten sposób kość rusza się w jedną stronę. Żeby wróciła na miejsce, musi się skurczyć inny mięsień. Mięśnie są mocno przyczepione do twoich kości „sznureczkami", które nazywamy ścięgnami.

Ścięgno

Ten mięsień pręży się, żeby poruszyć twoją ręką.

Gdy ten mięsień się zaciska, twoja ręka się wyprostowuje.

Co to jest skurcz?

● Czy miałeś kiedyś kolkę po bieganiu? To taki ból tuż pod żebrami. Oznacza on, że masz skurcz mięśnia odpowiedzialnego za oddychanie.

Skurcz jest wtedy, kiedy czujemy, że jakiś mięsień jest naprężony i boli. Nie rusza się wtedy prawidłowo i mamy wrażenie, że się zaciął. Nikt nie jest pewny, dlaczego miewamy skurcze. Pewne jednak jest to, że ból minie, jeżeli rozmasuje się skurczony mięsień.

Po co oddycham?

Kiedy oddychasz, wdychasz powietrze. A powietrze to coś, bez czego twoje ciało nie wytrzymałoby nawet kilku minut, ponieważ jest w nim gaz, który

nazywamy tlenem. Twoje ciało potrzebuje tlenu do życia i rośnięcia.

——— Tchawica

● Kiedy wdychasz powietrze, przechodzi ono przez twoją tchawicę do płuc. Płuca to takie duże gąbki, które zamiast wody przechowują powietrze.

● Jeżeli skrzyżujesz ręce na klatce piersiowej i weźmiesz głęboki oddech, poczujesz, jak płuca powiększają się, bo nabierają powietrza.

Płuca

Od czego mam czkawkę?

Pod twoimi płucami jest mięsień, który pomaga ci oddychać. Nazywamy go przeponą. Czkawkę masz wtedy, kiedy coś mocno poruszy ten mięsień i mnóstwo powietrza dostanie się do twoich płuc.
Aby zatrzymać ten proces, na górnym końcu przepony zamyka się klapka. To tak mocno zaburza obieg powietrza, że dostajemy czkawki.

● Najpierw powietrze szybko dostaje się do środka...

● ...a potem jest gwałtownie zatrzymywane.

Dlaczego kicham?

Jeżeli do twojego nosa dostaną się zarazki lub kurz, twoje ciało karze ci kichnąć, żeby się ich pozbyć. Z twoich płuc „wystrzeliwuje" powietrze, które oczyszcza ci nos.

● Kiedy kichasz, powietrze wylatuje z twojego nosa z prędkością 160 kilometrów na godzinę.

15

Co robi moje serce?

Twoje serce jest wyjątkowym mięśniem, który powoduje, że krew krąży w całym ciele.
Kiedy przyłożysz rękę do klatki piersiowej, poczujesz, jak ono bije. Za każdym uderzeniem pompuje ono krew do różnych części ciała.

● Potrzebujesz tlenu, aby żyć, dlatego musisz oddychać

Krew z twojej głowy

Do ciała

● Żeby usłyszeć, jak bije serce, przyłóż ucho do czyjejś klatki piersiowej – najlepiej, żeby było cicho w pomieszczeniu. Powinieneś usłyszeć dwa dźwięki, jeden po drugim – stuk-puk, stuk-puk, stuk-puk.

Krew krąży po całym ciele cienkimi rurkami, które nazywamy naczyniami krwionośnymi.

Krew z twojego ciała

Jedna strona twojego serca pompuje krew do płuc, które potrzebują tlenu. Druga strona pompuje krew do innych części ciała.

Krew do płuc

Krew z płuc

Niektóre owady mają niebieską lub zieloną krew.

Po co jest krew?

Krew to taka szybko płynąca rzeka w twoim organizmie. Transportuje ona ważne elementy, takie jak tlen czy witaminy. Pomaga też zwalczać zarazki.

● Kiedy byłeś mały, miałeś mniej niż litr krwi – mniej niż karton mleka. Kiedy dorośniesz, będziesz miał 5 litrów krwi – czyli tyle, ile zmieściłoby się w wiadrze!

Jak duże jest moje serce?

Nasze serca rosną razem z nami. Niezależnie od tego, jak duży teraz jesteś, twoje serce jest trochę większe od twojej pięści.

Krew z tlenem

Krew bez tlenu

Dlaczego mrugam oczami?

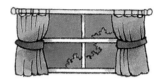

● Tęczówka to kolorowa część twojego oka. Działa trochę jak zasłony. Kiedy jest zbyt ciemno dla oka, tęczówka otwiera się i wpuszcza więcej światła. Kiedy światło jest za jasne, zamyka się, żeby nie uszkodziło oka.

Twoje oczy cały czas produkują łzy – nie tylko wtedy, kiedy płaczesz. Mruganie rozprowadza łzy po oku i sprawia, że oczy nie wysychają.

● Mrugnięcie oka trwa około jednej trzeciej sekundy. Mrugasz tysiące razy dziennie.

Rzęsa

Źrenica

● Rzęsy nie pozwalają kurzowi lub piaskowi dostawać się do oka.

● Czarna część w środku to źrenica.

Tęczówka

● Galaretowata masa w twoim oku nadaje mu kształt, tak jak powietrze w balonie.

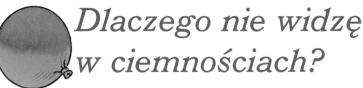

Dlaczego nie widzę w ciemnościach?

W ciemności niewiele widać, dlatego że oczy potrzebują światła, żeby widzieć. Jeżeli przyjrzysz się swoim oczom w lustrze, w ich środku zobaczysz mały czarny otwór. Światło odbija się od wszystkiego, co znajduje się dookoła, i przedostaje się do twojego oka przez niego. Informacje są później przekazywane do twojego mózgu, żebyś wiedział, co widzisz.

● Błonę, która znajduje się z tyłu twojego oka, nazywamy siatkówką. Obraz, który się na niej pokazuje, jest odwrócony do góry nogami! Mózg obraca go i widzisz prawidłowo.

Nerw, który jest tutaj w środku, przekazuje wiadomości do mózgu.

● Z przodu oka jest soczewka. Dzięki niej widzisz wszystko wyraźnie. Ustawia ona światło tak, żeby padało w odpowiednie miejsce z tyłu oka.

Dlaczego uszy mają taki śmieszny kształt?

Kształt twoich uszu pomaga im wychwytywać dźwięki. Potem dźwięki te wędrują przez specjalne kanaliki do twojego mózgu. Zwierzęta, takie jak króliki, mogą poruszać uszami, żeby lepiej wychwytywać dźwięki.

Dlaczego kręci mi się w głowie?

W każdym uchu masz trzy rurki w kształcie pętelek, w których środku jest płyn. Ten płyn sprawia, że świszczy ci w uszach, kiedy się kręcisz. Specjalne nerwy informują wtedy twój mózg, że się obracasz. Jeżeli nagle przestaniesz się kręcić, płyn jeszcze przez chwilkę będzie poruszony. Wtedy do mózgu dotrze nieprawidłowa informacja i zakręci ci się w głowie.

Płatek ucha

● Wiedziałeś o tym, że masz w uchu „bębenek"? Błona bębenkowa to kawałek cienkiej skóry, która bardzo szybko drga, kiedy słyszysz dźwięki.

● Kiedy błona bębenkowa się porusza, trzy małe kosteczki słuchowe zaczynają drgać.

● Kiedy kosteczki słuchowe drgają, porusza się też płyn, który jest głęboko w twoim uchu. Specjalne nerwy wychwytują ten ruch i wysyłają wiadomość do twojego mózgu.

Te nerwy przenoszą informacje z ucha do mózgu.

Te przewody pomagają ci utrzymać równowagę.

Strzemiączko

Kowadełko

Młotek

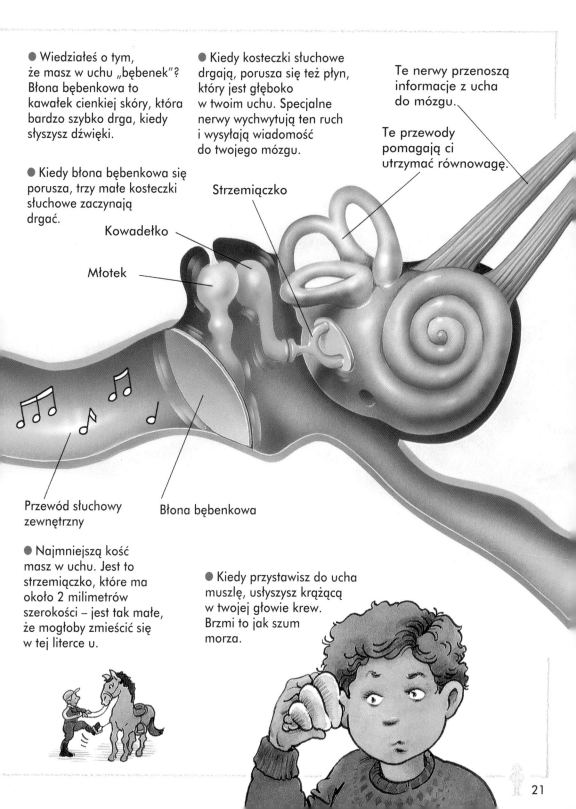

Przewód słuchowy zewnętrzny

Błona bębenkowa

● Najmniejszą kość masz w uchu. Jest to strzemiączko, które ma około 2 milimetrów szerokości – jest tak małe, że mogłoby zmieścić się w tej literce u.

● Kiedy przystawisz do ucha muszlę, usłyszysz krążącą w twojej głowie krew. Brzmi to jak szum morza.

Po co mam nos?

Twój nos służy do wąchania i pomaga językowi poczuć smak. Kiedy jesz, małe kawałki pokarmu wędrują z powietrzem również do twojego nosa. Te cząstki są tak małe, że ich nie widać, ale nerwy w twoim nosie odnajdują je i wysyłają odpowiednią informację do twojego mózgu.

● Kiedy masz zatkany nos od kataru, powietrze nie dostaje się do nerwów w nosie i nie czujesz dokładnie smaku tego, co jesz.

● A oto sposób na to, żeby sprawdzić, jak nos pomaga ci w czuciu smaku. Będziesz potrzebował kogoś do pomocy.

1 Weź dwa owocowe jogurty o różnych smakach.

2 Zamknij oczy i zatkaj palcami nos.

3 Zobacz, czy uda ci się rozpoznać smak każdego z jogurtów.

● Żeby zobaczyć, jak język pomaga ci mówić, połóż na nim palec i spróbuj powiedzieć „dzień dobry".

Po co mam język?

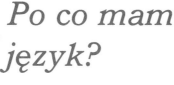

Język służy do rozpoznawania smaków, ale także do mówienia i śpiewania. Jest pokryty małymi grudkami, które nazywamy kubkami smakowymi. To one wysyłają informacje do twojego mózgu o wszystkich pysznych rzeczach, które jesz i pijesz.

Dlaczego zęby wypadają?

● Kiedy dorośniesz, będziesz miał od 28 do 32 zębów.

Kiedy dorastasz, większość twoich części ciała rośnie. Zęby nie rosną i dlatego trzeba je wymienić. Kiedy jesteś mały, masz 20 małych zębów, które nazywamy zębami mlecznymi. Zaczynają wypadać, kiedy masz około pięciu czy sześciu lat, a w ich miejscu wyrastają nowe, większe zęby.

Co się dzieje z tym, co zjem?

Kiedy połykasz jedzenie, przemieszcza się ono przełykiem do twojego żołądka. Tam powstaje z niego rodzaj „zupy", która wędruje dalej przez bardzo długą rurkę, którą nazywamy jelitem. Jedzenie jest tak rozdrobnione, że może się przedostać do krwi, a z nią do różnych części twojego ciała. W ten sposób twój organizm otrzymuje energię potrzebną do życia.

Kiedy odczuwasz głód to ciało informuje cię, że potrzebujesz jedzenia.

Dlaczego muszę się załatwiać?

Pewnych elementów pokarmu twój organizm nie potrzebuje. Trafiają one do jelita. Kiedy się załatwiasz, wydalasz je przez odbyt.

Woda, której twoje ciało nie potrzebuje, to mocz. Organizm pozbywa się go w inny sposób.

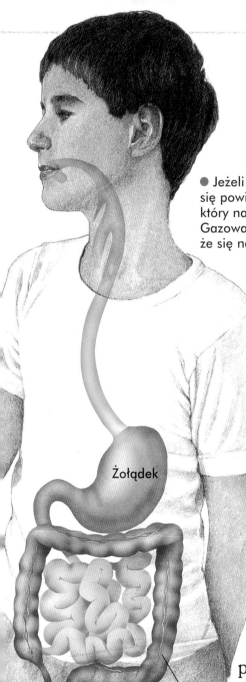

● Jedzenie, które spożyłeś, może krążyć z krwią po twoim organizmie nawet przez dwa dni.

● Jeżeli z twojego żołądka uwalnia się powietrze, wydajesz dźwięk, który nazywamy beknięciem. Gazowane napoje często powodują, że się nam odbija.

Dlaczego burczy mi w brzuchu?

Jeżeli twój brzuch był pusty przez kilka godzin, to wypełnił się gazem. W takim przypadku żołądek pracuje tak jak podczas jedzenia. Gaz jest ściśnięty i dlatego burczy ci w brzuchu – podobnie powstają grzmoty podczas burzy!

Żołądek

Jelito

Wyrostek robaczkowy

Odbyt

Dlaczego muszę spać?

Twoje mięśnie nie muszą wiele robić podczas snu, a mózg nie musi się przejmować tym, co dzieje się dookoła. Relaksowanie tych części ciała pozwala na wykonanie innych zadań. Podczas snu rośniesz i leczysz się, jeżeli jesteś chory.

● Niemowlęta większość czasu śpią i dlatego tak szybko rosną.

Co to jest lunatykowanie?

Niektórzy ludzie podczas snu wstają i chodzą – czyli lunatykują. Nawet nie wiedzą, że to robią. Kiedy się budzą, zwykle niczego nie pamiętają!

● Każdy porusza się w trakcie snu. Przekręcasz się czasami na drugi bok albo kopiesz nogami.

● Kiedy śpisz, oddychasz spokojnie, a serce bije ci wolniej.

● Wiele zwierząt ma sny w trakcie spania. Psy czasem wyglądają, jakby były na polowaniu.

Co to jest sen?

Sen to obrazy, które tworzy mózg podczas snu. Wydaje ci się, że widzisz i słyszysz różne rzeczy. Czasami masz dobre sny, a innym razem straszne lub smutne. Pamiętaj, one istnieją tylko w twojej głowie.

● Straszny sen to koszmar senny. Możesz płakać i krzyczeć podczas takiego snu. Koszmary się kończą, kiedy się budzisz.

Dlaczego czasami choruję?

Kiedy jakaś część twojego organizmu nie pracuje tak, jak powinna, zaczynasz chorować. Nie czujesz się wtedy dobrze. Czasami boli cię brzuch albo masz swędzące krostki na skórze. Choroby na ogół atakują nas, kiedy do organizmu dostają się zarazki.

● Czasami twój organizm musi walczyć i zabijać zarazki. Lekarz może przepisać ci odpowiednie leki, żeby ci pomóc.

● Niektóre zarazki lubią brud. Mycie ciała i czyszczenie zębów trzyma je z daleka od ciebie.

● Katar może spowodować, że będziesz się czuł bardzo chory. Mimo to większość twoich narządów będzie działała prawidłowo.

Co to są zarazki?

Zarazki to żyjątka, które są zbyt małe, żeby były widoczne. Cały czas wokół ciebie i na twoim ciele są ich miliardy. Większość zarazków nie jest szkodliwa. Niektóre, jeżeli dostaną się do środka organizmu, mogą jednak spowodować, że będziesz chory. Zarazki dostają się do organizmu przez rozcięcie w skórze albo razem z jedzeniem.

Dlaczego muszę dostawać zastrzyki?

Lekarz lub pielęgniarka dają ci zastrzyki, jeżeli lekarstwo musi być dostarczone bezpośrednio do krwi. Nikt tego nie lubi, ale małe ukłucie jest lepsze niż bycie chorym przez długi czas.

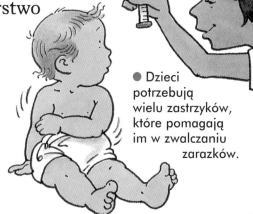

● Dzieci potrzebują wielu zastrzyków, które pomagają im w zwalczaniu zarazków.

Skąd się wziąłem?

Twoja historia rozpoczyna się od małego jajeczka w ciele twojej mamy (nie większego od kropki), które połączyło się z plemnikiem twojego taty. Potem rosłeś i rosłeś, aż zrobiłeś się wystarczająco duży, żeby się urodzić.

● W macicy swojej mamy przebywałeś około 9 miesięcy. Kiedy stawałeś się większy, jej macica powiększała się, żebyś miał więcej miejsca.

Macica

Plemnik

Jajeczko

● Tak pod mikroskopem wygląda jajeczko otoczone plemnikami.

Macica

● W macicy pływałeś w pewnego rodzaju torbie, która była wypełniona wodą. Ona ogrzewała cię i ochraniała.

● Rosłeś w części ciała swojej mamy, którą nazywamy macicą.

● Wyszedłeś na świat przez otwór w macicy.

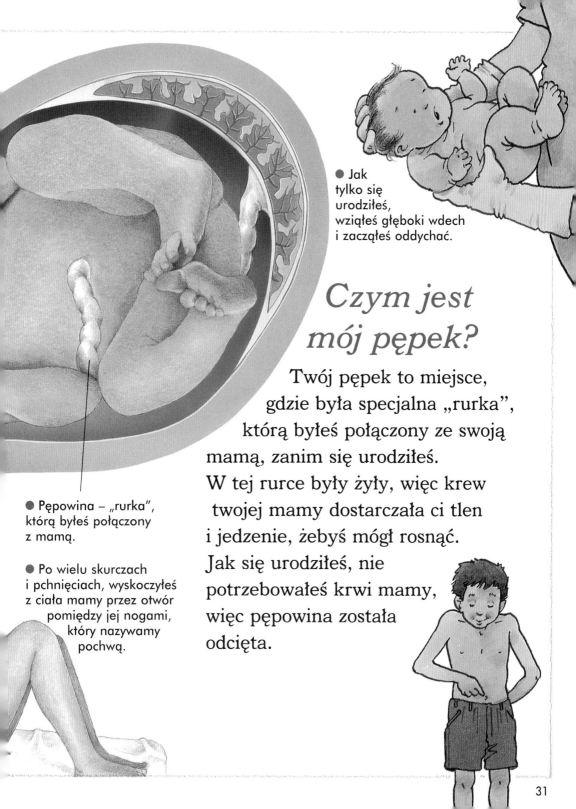

● Jak
tylko się
urodziłeś,
wziąłeś głęboki wdech
i zacząłeś oddychać.

Czym jest mój pępek?

Twój pępek to miejsce,
gdzie była specjalna „rurka",
którą byłeś połączony ze swoją
mamą, zanim się urodziłeś.
W tej rurce były żyły, więc krew
twojej mamy dostarczała ci tlen
i jedzenie, żebyś mógł rosnąć.
Jak się urodziłeś, nie
potrzebowałeś krwi mamy,
więc pępowina została
odcięta.

● Pępowina – „rurka",
którą byłeś połączony
z mamą.

● Po wielu skurczach
i pchnięciach, wyskoczyłeś
z ciała mamy przez otwór
pomiędzy jej nogami,
który nazywamy
pochwą.

Indeks